Tiburones ángel

Grace Hansen

Abdo
TIBURONES
Kids

abdopublishing.com

Published by Abdo Kids, a division of ABDO, PO Box 398166, Minneapolis, Minnesota 55439.

Copyright © 2017 by Abdo Consulting Group, Inc. International copyrights reserved in all countries. No part of this book may be reproduced in any form without written permission from the publisher.

Printed in the United States of America, North Mankato, Minnesota.

102016

012017

Spanish Translator: Maria Puchol

Photo Credits: Alamy, AP Images, Corbis, iStock, Minden Pictures, Science Source, Thinkstock

Production Contributors: Teddy Borth, Jennie Forsberg, Grace Hansen

Design Contributors: Laura Rask, Dorothy Toth

Publisher's Cataloging-in-Publication Data

Names: Hansen, Grace, author.

Title: Tiburones ángel / by Grace Hansen.

Other titles: Angel sharks. Spanish

Description: Minneapolis, MN : Abdo Kids, 2017. | Series: Tiburones | Includes
    bibliographical references and index.

Identifiers: LCCN 2016948042 | ISBN 9781624027062 (lib. bdg.) |
    ISBN 9781624029301 (ebook)

Subjects: LCSH: Angel shark--Juvenile literature. | Spanish language materials--
    Juvenile literature.

Classification: DDC 597.3--dc23

LC record available at http://lccn.loc.gov/2016948042

Contenido

Tiburones ángel

Los tiburones ángel viven en el océano. Les gusta el agua templada y poco profunda.

Los tiburones ángel no son como los otros tiburones. Parecen rayas de mar. Su cuerpo es largo y plano.

Sus **aletas pectorales** son **anchas**. Su cola es como la de otros tiburones.

9

Los tiburones ángel pueden ser rojizos, grises o de color café.

Tienen **marcas** oscuras y claras por todo el cuerpo.

11

Alimentación y caza

Los tiburones ángel viven en el fondo del mar. Se esconden en la arena para sorprender a su presa.

Cuando la presa pasa cerca, el tiburón ángel se lanza sobre ella. La atrapa con su fuerte mandíbula y sus dientes afilados.

15

Los tiburones ángel comen
muchos tipos de peces.
Les gustan los calamares
y los pulpos además de
otros animales.

calamar

pulpo

17

Crías de tiburón ángel

Los tiburones recién nacidos se llaman **crías**. Estos tiburones dan a luz alrededor de 10 crías cada vez.

Las **crías** viven solas desde que nacen. Miden aproximadamente 9 pulgadas (23 cm) de largo. Llegan a medir alrededor de 60 pulgadas (152 cm).

21

Más datos

- El tiburón ángel japonés es el más grande de la especie. Puede llegar a medir hasta 6 pies y medio de largo (2 metros).

- Los tiburones ángel no respiran como los demás tiburones. La mayoría de los tiburones necesita moverse para respirar. Los tiburones ángel no.

- Pueden llegar a vivir más de 30 años en la naturaleza.

Glosario

aleta pectoral – extremidad plana y grande que se usa para nadar.

ancho – largo de lado a lado.

cría – animal recién nacido.

marcas – mancha o dibujo en el pelaje de un animal, en sus plumas o en la piel.

Índice

abdokids.com

¡Usa este código para entrar en abdokids.com y tener acceso a juegos, arte, videos y mucho más!

Código Abdo Kids:
SAK1491